Mededogen,
de enige weg naar vrede

Een toespraak door
Sri Mata Amritanandamayi

gegeven op het
Filmfestival van de Cinéma Vérité

op 12 October 2007 in Parijs

Mata Amritanandamayi Center, San Ramon
Californië, Verenigde Staten

Mededogen, de enige weg naar vrede
Een toespraak door Sri Mata Amritanandamayi
Vertaald door Swami Amritaswarupananda Puri

Uitgegeven door:
   Mata Amritanandamayi Center
   P.O. Box 613
   San Ramon, CA 94583
   Verenigde Staten

—————————— *Paris Speech (Dutch)* ——————————

Copyright © 2008 by Mata Amritanandamayi Mission Trust, Amritapuri, Kerala 690546, India

Alle rechten voorbehouden. Niets uit deze uitgave mag worden opgeslagen in een geautomatiseerd gegevensbestand, verveelvoudigd, of openbaar gemaakt, in enige vorm of op enige wijze, hetzij elektronisch, mechanisch, door fotokopieën, opnamen, of op enige andere manier, zonder voorafgaande schriftelijke toestemming van de uitgever.

Eerste uitgave door het MA Center: mei 2016

In Nederland:
   www.amma.nl
   info@amma.nl

In België:
   www.vriendenvanamma.be

In India:
   www.amritapuri.org
   inform@amritapuri.org

Inleiding

In oktober 2007 verzocht het Franse filmgenootschap *Cinéma Vérité* Amma om een toespraak te houden over het toenemend aantal door de mens veroorzaakte rampen en natuurrampen in de wereld. Door de documentaire *Darshan: The Embrace* van Jan Kounen uit 2005 was de Cinéma Vérité zich ervan bewust geworden dat Amma een uniek spiritueel leider en filantroop is. De organisatie richt zich al geruime tijd op het creëren van bewustzijn over mensenrechten door het medium film. Geïnspireerd door de manier waarop Kounen Amma afschilderde vond de Cinéma Vérité dat de tijd rijp was om een jaarlijkse Cinéma Vérité onderscheiding aan te bieden aan individuen die zich op een bijzondere manier hadden ingespannen om wereldvrede en harmonie te bewerkstelligen. Amma zou hun eerste kandidaat zijn.

De plechtigheid vond plaats in het centrum van Parijs in een theater op de Place de la

Inleiding

Bastille als onderdeel van het Filmfestival van de Cinéma Vérité in 2007. Andere beroemdheden die aan het festival deelnamen waren de winnaar van de Nobelprijs voor de Vrede in 1997 Jody Williams, de voor een Oscar genomineerde actrice Sharon Stone en verdedigster van sociale en mensenrechten Bianca Jagger.

Amma werd door Sharon Stone en Jan Kounen geïntroduceerd en verwelkomd. "Er is echt niemand beter geschikt om over vrede te spreken dan Amma," zei Kounen. "Zij leidt niet alleen haar leven in vrede, maar ze leidt ons naar vrede. We zijn blij dat we de gelegenheid hebben Amma te eren met de eerste jaarlijkse Cinéma Vérité onderscheiding voor haar bijdrage aan wereldvrede en harmonie."

Daarna sprak Kounen over zijn ervaring van het filmen van Amma en verwees naar haar als een mens met de kracht om anderen te transformeren. "Ik heb het geluk dat ik een regisseur ben die het onderwerp van zijn films kan kiezen," zei hij. "Daardoor kreeg ik de kans om tijd bij Amma door te brengen en de mogelijkheid om te ontdekken wat ze doet en de realiteit die ze is te gaan begrijpen. Dit stelde me in staat een reis te maken en iets van die reis mee terug te nemen, namelijk deze film. Deze film heeft me de mogelijkheid gegeven aan anderen door te geven wie Amma is, wat men kon zien, waarnemen en ervaren in de tijd dat ik bij Amma was. Zodoende kon ik de boodschap aan anderen doorgeven en een mens gadeslaan die in staat is anderen te veranderen."

Kounen, die zowel speelfilms als een aantal documentaires over mystieke culturen geregisseerd heeft, zei dat zijn ervaring van het filmen van Amma uniek was. "Ik heb zaken behandeld als spiritualiteit, genezers en wonderdoeners. Bij Amma ontdekte ik echter dat magie iets is wat je kunt zien, iets wat ze vlak voor je neus doet. Dat is het meest treffende bij haar. Dingen die je met je eigen ogen kunt zien. En je hoeft het alleen maar op film vast te leggen – het te zien en anderen de gelegenheid te geven het ook te zien. Ik wil haar graag bedanken dat ze me de gelegenheid gegeven heeft deze film te maken. Dank u wel."

Sharon Stone was de volgende die over Amma sprak. "Een heilige introduceren is een hele klus," zei ze. "Een engel filmen is heel

De actrice Sharon Stone overhandigde Amma de eerste jaarlijkse Cinéma Vérité onderscheiding voor haar bijdrage aan de wereldvrede en harmonie.

ongebruikelijk. De film *Darshan* is buitengewoon inspirerend. Het leven van iemand die zich helemaal inzet om te dienen is iets waar we allemaal naar kunnen streven. Omdat het een keuze is. Het is een keuze jezelf te wijden aan het dienen van anderen. Zoals Milton zei toen hij blind werd: 'Als je gewoon staat te wachten, kun je van nut zijn, als je een ander dient.' We leven in een tijd dat dit meer dan ooit nodig is. We leven in een tijd dat we moeten stilstaan en wachten voordat we beslissen wat te doen. Omdat we het goede moeten doen, omdat we vriendelijk moeten zijn en omdat we genade in handelen moeten omzetten.

Amma's hele leven is de belichaming van genade. Ze heeft 26 miljoen mensen omhelsd. Maar ze heeft dit niet alleen gedaan om te geven, maar ook om een voorbeeld te stellen, een voorbeeld van geven, van goedheid, van zorgzaamheid en van anderen dienen. Van hen dienen zodat ze haar omarming konden ontvangen en die toepassen in een leven vol goedheid. Verwelkom alstublieft niet alleen deze heilige en deze engel, maar ook deze persoon van actieve goedheid."

Inleiding

Als blijk van waardering van de Cinéma Vérité voor Amma en haar werk bood Sharon Stone Amma een zilveren halsketting en medaillon aan, wat een luid applaus in het theater veroorzaakte.

In haar toespraak "Mededogen, de enige weg naar vrede," gaf Amma een realistische en constructieve analyse van de problemen waarmee de wereld van vandaag geconfronteerd wordt. Ze wees op speciale gebieden van disharmonie en hoe alleen een meedogende visie een oplossing tot stand kan brengen.

Met betrekking tot conflicten was Amma buitengewoon openhartig. "Vanaf het begin van de wereld zijn er conflicten geweest," zei ze. "Als we zeggen dat het onmogelijk is om die totaal te vermijden, veroorzaakt dat veel angst. Maar dat is de waarheid, nietwaar?"

Hoewel Amma accepteerde dat conflicten niet helemaal voorkomen kunnen worden, betreurde ze de achteruitgang van de oorlogsvoering in ethisch opzicht en wat betreft gedragscode. Ze legde uit dat in vroeger tijden infanteristen alleen met infanteristen vochten, cavaleristen alleen met cavaleristen enz. Dat men een onbewapende soldaat niet aan mocht vallen en dat men vrouwen en kinderen niet mocht verwonden. Dat het vechten bij zonsondergang ophield en pas bij zonsopgang verderging. "Dit was de grote traditie van oorlog volgens *dharma* (rechtvaardigheid) waarin de vijand met respect en vriendelijkheid werd behandeld, zowel op het slagveld als daarbuiten. De gevoelens en de cultuur van de burgers van het vijandelijke koninkrijk werden ook gerespecteerd. Dit was de moedige visie van de mensen van toen."

Amma zei dat de moderne oorlogsvoering totaal anders is: "In de hedendaagse oorlogen wordt het land van de vijand op iedere mogelijke manier vernietigd. Veroveraars plunderen en monopoliseren het land, de natuurlijke hulpbronnen en rijkdom van het verslagen land en gebruiken die voor hun eigen egoïstische genot. De cultuur en tradities die generaties lang zijn doorgegeven worden vernietigd en onschuldige mensen worden genadeloos gedood."

Amma zei dat de mensheid door het geweld en het lijden dat men door hebzucht en haat

Inleiding

heeft veroorzaakt, talloze vloeken over zichzelf heeft afgeroepen. "Om ons van deze vloeken te bevrijden moeten minstens honderd toekomstige generaties de tranen van de lijdende mensen afvegen en proberen hen te troosten en hun pijn te verlichten. Moeten we om dit goed te maken in ieder geval nu niet proberen ons eigen innerlijk te onderzoeken?"

Verder vroeg Amma wereldleiders hun oude opvattingen en ideeën over oorlog op te geven: "We moeten een eind maken aan de wreedheid en hardheid die mensen elkaar in naam van oorlog hebben aangedaan. Oorlog komt voort uit een onbeschaafde geest. Deze oude gedachtepatronen moeten verdwijnen en vervangen worden door de nieuwe bladeren, bloesem en vruchten van mededogen en schoonheid. Geleidelijk kunnen we de innerlijke duivel vernietigen, het verlangen naar oorlog, die zowel voor de mensheid als de natuur een vloek is. We kunnen dan een nieuwe tijd binnengaan met hoop op vrede en geluk."

Het volgende conflictgebied dat Amma besprak was dat tussen wetenschap en religie. "Religie en wetenschap horen hand in hand te gaan. Zowel wetenschap zonder religie als religie zonder wetenschap zijn onvolledig. Maar de samenleving probeert ons te scheiden in religieuze mensen en wetenschappers." Amma zei dat wetenschap en religie in feite met hetzelfde bezig zijn. Het een is onderzoek in een laboratorium, het ander in het innerlijk. Amma zei: "'Wat is de aard van de wereld die we ervaren?' 'Hoe functioneert die in perfecte harmonie?' 'Waar kwam die vandaan?' 'Waar gaat die heen?' 'Waarheen leidt die ons?' 'Wie ben ik?' Wie stelt dit soort vragen? Religieuze mensen of wetenschappers? Allebei."

"We moeten van de geschiedenis leren, maar we moeten niet in het verleden leven," concludeerde Amma. "De integratie van wetenschap en spiritualiteit zal ons helpen uit de duistere gangen van het verleden te komen in het licht van vrede, harmonie en eenheid."

Amma sprak ook over interreligieuze conflicten en zei dat bewegingen die bedoeld waren als bron van licht, door bekrompenheid en onwetendheid alleen nog schaduw werpen. "Spiritualiteit is de sleutel waarmee we ons hart kunnen openen en met mededogen naar

Inleiding

iedereen kunnen kijken. Maar onze geest, die door egoïsme verblind is, heeft het juiste inzicht verloren en onze visie is verdraaid. Dit egoïsme creëert alleen meer duisternis. Met de sleutel waarmee we ons hart kunnen openen, doet onze onkritische manier van denken ons hart juist op slot."

Een groot deel van Amma's toespraak ging over de toenemende disharmonie tussen de mens en de natuur en de afschrikwekkende gevolgen daarvan: aardbevingen, tsunami's, opwarming van de aarde, extreem weer, droogten enz. Opnieuw vergeleek Amma de huidige situatie met die uit het verleden: "In de oude tijd was milieubescherming niet nodig omdat het beschermen van de natuur een deel van het aanbidden van God en het leven zelf was. De mensen hielden van de natuur en de maatschappij en dienden die in plaats van aan 'God' te denken. Ze zagen de Schepper in de schepping. Ze hielden van de natuur en aanbaden en beschermden haar als de zichtbare vorm van God. Laten we proberen deze houding weer tot leven te brengen. Vandaag de dag is de grootste bedreiging voor de mensheid niet een derde wereldoorlog, maar het verlies van de harmonie in de natuur en onze toenemende scheiding van de natuur. Daarom moeten we het bewustzijn ontwikkelen van iemand die onder schot staat. Alleen dan kan de mensheid overleven."

Amma gaf een aantal suggesties hoe we de verloren harmonie tussen de mens en de natuur kunnen herstellen: meer beperkingen voor vervuiling door fabrieken, carpoolen, korte afstanden te voet of met de fiets afleggen, het onderhouden van groentetuinen voor het hele gezin en het planten van minstens een boom per maand door ieder individu.

"De natuur is onze eerste moeder," zei Amma. "Zij voedt ons ons hele leven lang. Onze fysieke moeder laat ons misschien een paar jaar op haar schoot zitten, maar Moeder Natuur draagt geduldig ons gewicht ons hele leven lang. Ze zingt ons in slaap, voedt ons en liefkoost ons. Zoals een kind dank verschuldigd is aan zijn fysieke moeder, moeten wij allemaal een verplichting en onze verantwoordelijkheid voelen tegenover Moeder Natuur. Als we deze verantwoordelijkheid vergeten, staat dat gelijk aan ons eigen Zelf vergeten. Als we de natuur

Inleiding

vergeten, zullen we ophouden te bestaan. Als je dat doet, loop je recht op de dood af."

In haar hele toespraak benadrukte Amma voortdurend dat mededogen de enige echte oplossing is voor al deze conflictgebieden: "Mededogen is de basis van vrede. Mededogen zit in iedereen. Het is echter moeilijk dit mededogen te ervaren en het in al onze handelingen tot uitdrukking te brengen... tenzij we ons naar binnen keren en diep in onszelf zoeken... Als we de wereld om ons heen vrede willen schenken, moet eerst onze innerlijke wereld vreedzaam zijn."

Amma's toespraak, die via een koptelefoon simultaan in het Engels en Frans vertaald werd, kreeg een daverend applaus. Daarna werd de nacht niet met woorden, maar met daden besloten: Amma omarmde liefdevol alle bezoekers van het programma met haar oprechte *darshan*.

Swami Amritaswarupananda Puri
Vice-voorzitter
Mata Amritanandamayi Math

Mededogen, de enige weg naar vrede

een toespraak door
Sri Mata Amritanandamayi

Parijs, 12 oktober 2007

Vanaf het begin van de wereld zijn er conflicten geweest. Als we zeggen dat het onmogelijk is om die totaal te vermijden, veroorzaakt dat veel angst. Maar dat is de waarheid, nietwaar? De reden is dat goed en kwaad altijd in de wereld zullen bestaan. In onze strijd om het goede te accepteren en het slechte te verwerpen kan de mogelijkheid van conflicten niet helemaal uitgesloten worden. Zulke conflicten hebben zich in bijna alle landen voorgedaan in de vorm van binnenlandse strijd, oorlogen en stakingen. Hoewel het doel van de meeste oorlogen het beschermen van gevestigde belangen is, zijn er zeldzame omstandigheden geweest waarin men met de behoeften van de mensen rekening heeft gehouden en een hoger doel heeft bereikt.

Helaas zijn de meeste oorlogen die de mensheid gevoerd heeft, niet gevochten om waarheid en rechtvaardigheid hoog te houden. Ze zijn gemotiveerd door egoïsme.

Vanaf ongeveer 5.000 jaar geleden tot de regering van de grote Indiase koning Chandragupta Maurya, de grondlegger van de Maurya-dynastie, speelden waarheid en *dharma* (rechtvaardigheid) een belangrijke rol bij alle oorlogen die in India gevoerd werden. Ook toen was het verslaan en, indien nodig, het vernietigen van de vijand een onderdeel van de oorlog, maar er waren duidelijke regels die iedereen op het slagveld en tijdens de strijd moest volgen.

Infanteristen mochten bijvoorbeeld alleen met infanteristen vechten. Cavaleristen vochten alleen met cavaleristen. Soldaten op een olifant of in een strijdwagen streden alleen met gelijke soldaten van de vijand. Dezelfde regels waren van toepassing op soldaten die met knotsen, zwaarden, speren en pijl en boog vochten. Een soldaat mocht gewonde of ongewapende soldaten niet aanvallen. En hij mocht vrouwen, kinderen en oude of zieke mensen niet verwonden. De strijd begon bij de dageraad met het blazen op een schelp en eindigde precies bij zonsondergang, waarna de soldaten van beide partijen hun wederzijdse vijandigheid vergaten en samen aten. De strijd werd de volgende dag bij zonsopkomst hervat.

Er waren zelfs voorvallen van zegevierende koningen die het hele koninkrijk en alle rijkdom die ze veroverd hadden, blij teruggaven aan de koning die ze verslagen hadden of aan zijn wettige erfgenaam. Dit was de grote traditie van oorlogen in overeenstemming met *dharma*, waarin de vijand met respect en vriendelijkheid werd behandeld, zowel op het slagveld als daarbuiten. De gevoelens en de cultuur van de burgers van het vijandelijke koninkrijk werden gerespecteerd. Dit was de moedige visie van de mensen uit die tijd.

Tegenwoordig worden er op vliegvelden en bij andere instellingen veel strenge veiligheidsmaatregelen genomen om terroristische aanvallen te voorkomen. Hoewel zulke maatregelen noodzakelijk zijn voor onze fysieke veiligheid, zijn ze uiteindelijk geen oplossing. Er is één bepaald explosief dat het meest verwoestend van allemaal is en dat geen apparaat kan ontdekken. Het is de haat, afkeer en wraak in de menselijke geest.

In dit verband herinnert Amma zich een verhaal.

Het hoofd van een bepaald dorp vierde zijn honderdste verjaardag. Er waren veel hoogwaardigheidsbekleders en verslaggevers op zijn feestje. Een verslaggever vroeg hem: "Waar bent u het meest trots op in uw lange leven?"

De oude man antwoordde: "Wel, ik ben nu honderd, maar ik heb niet één vijand op deze planeet."

"Heus? Dat is verbazingwekkend!" zei de reporter. "Dat uw leven een bron van inspiratie voor iedereen mag zijn! Vertel me eens, hoe dat mogelijk is."

"Wel," antwoordde de oude man, "het is heel eenvoudig. Ik zorgde ervoor dat niemand van hen in leven bleef!"

Als we onze destructieve emoties niet uitschakelen, zal er geen einde aan oorlog en geweld komen.

In de hedendaagse oorlogen wordt het land van de vijand op iedere mogelijke manier vernietigd. Veroveraars plunderen en monopoliseren

Een toespraak door Sri Mata Amritanandamayi

---

het land, de natuurlijke hulpbronnen en rijkdom van het verslagen land en gebruiken die voor hun eigen egoïstisch genot. De cultuur en tradities die generaties lang zijn doorgegeven, worden vernietigd en onschuldige mensen worden genadeloos gedood.

Verder hebben we geen idee van de hoeveelheid giftige dampen die door bommen en andere oorlogswapens wordt uitgestoten. Ze vullen de atmosfeer en verontreinigen de bodem. Hoeveel generaties worden er als gevolg hiervan gedwongen fysiek en mentaal te lijden! Oorlog brengt slechts dood, armoede, hongersnood en epidemieën met zich mee. Dit zijn de geschenken van de oorlog aan de mensheid.

Tegenwoordig lokken sommige rijke landen oorlogen uit om de verkoop van hun nieuwste wapens te bevorderen. Wat we ook doen, zelfs als we oorlog voeren, het doel moet altijd de bescherming van waarheid en dharma zijn. Amma zegt niet dat oorlog onvermijdelijk is. Oorlog is nooit noodzakelijk. Maar zullen we ooit in staat zijn oorlog helemaal uit de uiterlijke wereld uit te bannen, zolang er conflicten blijven bestaan in de menselijke geest? Dit is iets waar we echt over na moeten denken.

Een belangrijke reden voor veel conflicten in de wereld van vandaag is de scheiding tussen wetenschap en religie. In werkelijkheid horen religie en wetenschap hand in hand te gaan. Zowel wetenschap zonder religie als religie zonder wetenschap zijn onvolledig.

De samenleving probeert ons te scheiden in religieuze mensen en wetenschappers. Wetenschappers beweren dat spiritualiteit en religie op blind vertrouwen gebaseerd zijn, maar dat wetenschap een feit is omdat het door experimenten bewezen is. De vraag is: aan welke kant sta je? Geloof of bewezen feit?

Het is onjuist om te zeggen dat religie en spiritualiteit op blind geloof gebaseerd zijn en dat de principes ervan niet bewezen zijn. Spirituele meesters hebben misschien zelfs diepgaander onderzoek verricht dan de moderne wetenschappers. Zoals moderne wetenschappers de uiterlijke wereld onderzoeken, zo verrichtten de grote wijzen onderzoek in het innerlijke laboratorium van hun eigen geest. Als je het zo bekijkt, waren zij ook wetenschappers. In werkelijkheid is de basis van echte religie niet blind geloof. Het is *'shraddha.'* Shraddha betekent onderzoek; het is een intense verkenning binnen je eigen zelf.

Wat is de aard van de wereld die we ervaren? Hoe functioneert die in perfecte harmonie? Waaruit is die ontstaan? Waar gaat die heen? Waarheen leidt die ons? Wie ben ik? Dat was hun onderzoek. Wie stelt dit soort vragen? Mensen met geloof of wetenschappers? Allebei.

De wijzen uit het verleden waren niet alleen grote intellectuelen, maar ook zieners die de Waarheid gerealiseerd hadden. Intellectuelen zijn zeker een aanwinst voor de samenleving, maar enkel woorden en gedachten zijn niet genoeg. De mensen die volgens deze principes leven, ademen deze woorden en gedachten leven en schoonheid in.

Lang geleden was er een *mahatma* die een boek schreef dat *Mededogen in de praktijk* heette. Om het geld voor de publicatie bij elkaar te krijgen benaderde hij een aantal mensen. Ze stemden ermee in hem te helpen. Maar net voordat hij het boek naar de drukkerij wilde brengen, brak er hongersnood in zijn dorp uit en dreigden er veel mensen om te komen. Zonder zich te bedenken nam hij het geld dat voor het drukken van het boek bestemd was, en gebruikte het om de arme en hongerlijdende mensen te eten te geven. De sponsors waren geërgerd. Ze vroegen hem: "Wat heeft u gedaan? Hoe gaan we het boek nu drukken? Armoede en hongersnood zijn heel gewoon. Geboorte en dood zijn er altijd in deze wereld. Het was niet juist om zo'n groot bedrag te besteden aan deze natuurramp." De mahatma zei niets. Als antwoord glimlachte hij alleen.

Na een tijd ging de mahatma weer naar dezelfde mensen met het verzoek het boek te drukken. Hoewel ze een beetje aarzelden, stemden ze ermee in. Maar de dag voordat het boek gedrukt zou worden was er een enorme overstroming. Duizenden mensen kwamen om en vele anderen verloren hun huizen en bezittingen. Opnieuw gaf de mahatma al het geld uit om de slachtoffers van de ramp te helpen. Deze keer waren de sponsors nog bozer. Ze spraken grof tegen de mahatma. Maar zoals tevoren hij reageerde niet op hun woorden, maar glimlachte alleen als antwoord.

Een toespraak door Sri Mata Amritanandamayi

Toen het boek uiteindelijk gepubliceerd werd, was de titel *Mededogen in de praktijk, Deel 3*. Woedend vroegen de sponsors: "Hé zeg, ben jij geen *sannyasi*, iemand die de waarheid spreekt? Hoe kun je zo liegen? Hoe kan dit boek het derde deel zijn? Waar zijn de eerste twee delen? Probeer je ons voor de gek te houden?"

De mahatma antwoordde: "Ziet u, dit is echt het derde deel van het boek. Het eerste deel was toen er hongersnood in het dorp heerste. Het tweede deel begon toen er duizenden mensen en hun bezittingen door de overstroming meegesleurd werden. De eerste twee delen lieten ons zien hoe we compassie in ons leven in de praktijk kunnen brengen. Mijn beste vrienden, boeken zijn slechts dode woorden. Als een levende mens om hulp roept en wij niet in staat zijn hem liefdevol de helpende hand te reiken, wat is dan de zin van een boek dat over mededogen gaat?"

Als we leven en bewustzijn in onze gedachten en woorden willen brengen, moeten we ze in de praktijk brengen. Om dit doel te bereiken moeten we naar een weg zoeken waarop religie en de moderne wetenschap in harmonie vooruit kunnen gaan. Deze eenheid mag niet alleen uiterlijk vertoon zijn. We moeten vastberaden actie ondernemen om die aspecten van wetenschap en religie te begrijpen en in ons op te nemen, die weldadig voor de samenleving zijn.

Als je alleen maar wetenschappelijk denkt, heb je geen compassie. Je bent dan allen geneigd om anderen aan te vallen, te onderwerpen en te kwellen. Maar wanneer een wetenschappelijk intellect samengaat met begrip van spiritualiteit, de innerlijke essentie van religie, komen compassie en sympathie voor alle levende wezens spontaan op.

Onze wereldgeschiedenis bestaat voornamelijk uit verhalen van vijandschap, wraak en haat. De rivieren van bloed die de mens vergoten heeft in zijn poging om alles voor zichzelf te grijpen en iedereen onder de duim te houden, zijn nog niet opgedroogd. Wanneer we naar het verleden kijken, lijkt het zelfs alsof het menselijke ras geen greintje mededogen gekend heeft, zo wreed hebben we gehandeld.

We moeten van de geschiedenis leren, maar we moeten niet in het verleden leven. De eenheid van wetenschap en spiritualiteit zal ons

Een toespraak door Sri Mata Amritanandamayi

helpen uit de duistere gangen van het verleden te komen in het licht van vrede, harmonie en eenheid.

Spiritualiteit is de sleutel waarmee we ons hart kunnen openen en iedereen met mededogen kunnen bezien. Maar onze geest, die door egoïsme verblind is, heeft het juiste inzicht verloren en onze visie is verdraaid. Dit egoïsme creëert alleen maar duisternis. Met de sleutel waarmee we ons hart kunnen openen, doet onze onkritische manier van denken ons hart juist op slot.

Er is een verhaal over vier mannen die op weg waren naar een religieuze conferentie en de nacht samen op een eiland moesten doorbrengen. Het was een bitterkoude nacht. Iedere reiziger had een bundeltje brandhout en lucifers in zijn rugzak, maar ieder van hen dacht dat hij de enige was die brandhout en lucifers had.

De eerste man dacht: "Te oordelen naar de medaille om de nek van die man zou ik zeggen dat hij tot een andere religie behoort. Als ik een vuur aanleg, profiteert hij ook van de warmte. Waarom zou ik mijn kostbare hout gebruiken om hem te verwarmen?"

De tweede man dacht: "Die man komt uit het land dat altijd tegen ons gevochten heeft. Ik moet er niet aan denken mijn hout te gebruiken om het hem naar de zin te maken!"

De derde man keek naar een van de anderen en dacht: "Ik ken die kerel. Hij behoort tot een sekte die altijd problemen binnen mijn religie creëert. Ik ga mijn hout niet voor hem verspillen."

De vierde man dacht: "Die man heeft een andere huidskleur en dat haat ik. Het is uitgesloten dat ik mijn hout voor hem ga gebruiken."

Uiteindelijk was niet een van hen bereid zijn hout aan te steken om de anderen te verwarmen en dus waren ze tegen de ochtend allemaal doodgevroren. Zo ook koesteren wij vijandschap tegenover onze medemensen in naam van religie, nationaliteit, huidskleur en kaste zonder enige compassie tegenover hen te tonen.

In de naam van de vrede houden we veel conferenties, maar hoeveel verandering hopen we tot stand te brengen alleen door rondom een tafel te zitten praten? Als we na afloop handen schudden en uit elkaar gaan, is dat gebaar dan werkelijk een uitdrukking van de warmte van

Een toespraak door Sri Mata Amritanandamayi

---

liefde en mededogen die we in ons hart voelen? Zo niet, dan heeft er geen echte dialoog plaatsgevonden. Voor een echte dialoog moet er oprechte openheid en eenheid zijn en de muren die door vijandigheid, vooropgezette ideeën en wraak gebouwd zijn, moeten verdwijnen.

Iedereen is bezorgd over milieubescherming, maar we merken de lessen niet op die de natuur ons probeert te leren. Kijk naar de natuur in de winter. De bomen laten hun oude bladeren vallen. Ze dragen geen vruchten meer. Zelfs vogels strijken zelden op de bomen neer. Maar als de lente komt, ondergaat de hele natuur een transformatie. Er komen nieuwe bladeren aan de bomen en struiken. Weldra zitten de bomen vol bloemen en vruchten. Vogels fladderen met hun vleugels en je hoort ze overal zingen. De omgeving is geurig en doordrongen van vitaliteit. Dezelfde bomen die een paar maanden geleden weg leken te kwijnen, zijn nu vol nieuw leven, schoonheid en vitaliteit.

Naar analogie van dit voorbeeld uit de natuur moeten de landen en hun leiders hun oude opvattingen en ideeën over oorlog opgeven. Het is tijd om een eind te maken aan de wreedheid en meedogenloosheid die mensen elkaar in naam van oorlog hebben aangedaan. Oorlog is de gedachte van een onbeschaafd iemand. Deze gedachtepatronen moeten verdwijnen en vervangen worden door nieuwe bladeren, bloesems en vruchten van mededogen en schoonheid. Geleidelijk kunnen we onze innerlijke duivel vernietigen, het verlangen naar oorlog, die zowel voor de mensheid als de natuur een vloek is. We kunnen dan een nieuw tijdperk van vrede en geluk binnengaan.

Mededogen is de basis van vrede. Mededogen is in iedereen aanwezig. Het is echter moeilijk om het te ervaren en in al onze handelingen tot uitdrukking te brengen. We moeten ons naar binnen keren om diep in onszelf te zoeken. "Trilt mijn hart nog van leven? Kan ik de bron van liefde en mededogen nog in me ervaren? Doet de pijn en het verdriet van anderen mijn hart nog smelten? Heb ik gehuild met hen die lijden? Heb ik echt geprobeerd iemands tranen af te drogen en hem te troosten, of heb ik op zijn minst iemand een maaltijd of een stel kleren gegeven?" Zo kunnen we eerlijk introspectie

Een toespraak door Sri Mata Amritanandamayi

---

plegen. Dan zal het verzachtende maanlicht van mededogen spontaan in ons schijnen.

Als we de wereld om ons heen vrede willen schenken, moet onze innerlijke wereld eerst vreedzaam zijn. Vrede is geen intellectueel besluit. Het is een ervaring.

Mededogen en gelijkgestemdheid maken een leider echt moedig. Iedereen die er het geld, de wapens en de kennis ervoor heeft, kan oorlog voeren. Maar niemand kan de kracht van de liefde en oprechte eenheid verslaan.

Konden onze geest, ogen, oren en handen het verdriet en de pijn van anderen maar echt begrijpen en voelen. Hoeveel zelfmoorden zouden er dan voorkomen kunnen worden? Hoeveel mensen zouden dan voedsel, kleding en onderdak krijgen? Hoeveel kinderen zouden er dan geen wees worden? Hoeveel vrouwen die hun lichaam verkopen om in hun onderhoud te voorzien, zouden er dan geholpen kunnen worden? Hoeveel zieken die ondraaglijke pijn lijden, zouden er dan medicijnen en een behandeling kunnen krijgen? Hoeveel conflicten in de naam van geld, faam en positie zouden er voorkomen kunnen worden?

De eerste stap bij het ontwikkelen van mededogen is alle voorwerpen die we als levenloos zien, zoals stenen, zand, rotsen en hout, met liefde en respect te behandelen. Als we liefde en sympathie voor levenloze objecten kunnen voelen, wordt het gemakkelijk om liefde en compassie te ontwikkelen voor bomen, struiken, vogels, dieren, het leven in de oceanen, rivieren, bergen en al het overige in de natuur. Als we deze toestand kunnen bereiken, zullen we vanzelf compassie voor de hele mensheid voelen.

Moeten we de stoel en de rotsen niet danken dat ze ons een plaats geven om te zitten en te rusten? Moeten we onze dankbaarheid tegenover Moeder Aarde niet uitdrukken omdat ze ons geduldig haar schoot geeft om op te rennen, springen en spelen? Moeten we de vogels niet dankbaar zijn dat ze voor ons zingen, de bloemen dat ze voor ons bloeien, de bomen dat ze ons schaduw geven en de rivieren dat ze voor ons stromen?

Bij iedere dageraad zien we een nieuwe zonsopkomst. Als we 's nachts alles vergeten en slapen, kan ons van alles overkomen, zelfs

Een toespraak door Sri Mata Amritanandamayi

de dood. Bedanken we ooit de Grote Macht die ons zegent dat we de volgende ochtend wakker worden en als voorheen functioneren zonder dat er ons iets is overkomen, fysiek of mentaal? Als we het zo bekijken, moeten we dan niet iedereen en alles dankbaar zijn? Alleen meedogende mensen kunnen dankbaarheid uitdrukken.

Er komt geen einde aan de oorlog en dood die door de mens veroorzaakt wordt of aan de tranen die door alle onschuldige slachtoffers van zulke tragedies gestort worden. En waarvoor allemaal? Om te veroveren, onze superioriteit te bewijzen en onze hebzucht naar geld en faam te bevredigen. De mensheid heeft talloze vloeken over zich afgeroepen. Om hiervan bevrijd te worden moeten minstens honderd toekomstige generaties de tranen van de lijdende mensen afvegen en proberen hen te troosten en hun pijn te verlichten. Moeten we om dit goed te maken in ieder geval nu niet proberen ons eigen innerlijk te onderzoeken?

Geen enkele zelfzuchtige leider met honger naar macht die uit was op het beschermen van zijn eigen belangen, heeft ooit vrede en geluk bereikt door de wereld te veroveren en mensen te vervolgen. Hun dood en de dagen die daaraan voorafgingen, waren de hel op aarde. De geschiedenis heeft deze grote waarheid bewezen. We moeten deze kostbare gelegenheid dankbaar accepteren en vooruitgaan op de weg van vrede en mededogen.

We brengen niets mee naar deze wereld en nemen niets mee wanneer we deze wereld verlaten. We moeten leren zonder hartstocht te zijn en onthecht van de wereld en zijn voorwerpen door te beseffen dat ze ons nooit eeuwig, echt geluk zullen geven.

Zoals jullie allemaal weten, was Alexander de Grotes een groot strijder en heerser die bijna een derde van de wereld veroverde. Hij wilde keizer over de hele wereld worden, maar toen hij in een veldslag verslagen werd, werd hij dodelijk ziek. Een paar dagen voor zijn dood riep Alexander zijn ministers en legde uit hoe hij begraven wilde worden. Hij zei hun dat hij wilde dat er aan beide kanten van de doodskist gaten gemaakt werden, waardoor zijn armen met de handen open naar buiten hingen. De ministers vroegen hun heer waarom hij dit wilde.

Alexander verklaarde dat op deze manier iedereen zou kunnen zien dat de 'Grote Alexander' die zijn hele leven ernaar gestreefd had de wereld te bezitten en te veroveren, de wereld met totaal lege handen verlaten had. Hij had zelfs zijn eigen lichaam niet meegenomen. Daardoor zouden ze begrijpen hoe nutteloos het is je leven aan het achternajagen van bezittingen te besteden.

We moeten de vergankelijkheid van de wereld en zijn voorwerpen begrijpen. Ze zijn tijdelijk en kunnen na de dood nooit met ons meegaan.

Alles in de kosmos heeft een ritme. De wind, de regen, de golven, de stroom van onze adem, onze hartslag, alles heeft een ritme. Zo is er ook een ritme in het leven. Onze gedachten en handelingen creëren het ritme en de melodie van ons leven. Wanneer het ritme in onze gedachten verloren gegaan is, weerspiegelt zich dat in onze handelingen. Dit zal op zijn beurt het ritme van het leven zelf verstoren. Dit is wat we vandaag de dag overal om ons heen zien.

Tegenwoordig wordt de lucht steeds meer verontreinigd, en het water ook. Rivieren drogen op. Bossen worden vernield. Nieuwe ziekten verspreiden zich. Als dit doorgaat, komt de hele natuur en de mensheid voor een geweldige ramp te staan.

Amma zal een voorbeeld geven om het effect van de verontreiniging op het milieu te illustreren. Amma herinnert zich dat in haar jeugd de moeder van een kind dat een schaaf- of snijwondje had opgelopen, de wond met koeienmest bedekte. Daardoor genas het sneller. Maar als we dit nu zouden doen, zou de wond ontsteken. Men kan er zelfs aan overlijden. Tegenwoordig is koeienmest vergiftig. Wat vroeger geneeskrachtig was, is nu vergiftig.

De huidige generatie leeft alsof men geen relatie met de natuur heeft. Alles om ons heen is kunstmatig. Tegenwoordig eten we fruit en graan dat met kunstmest en verdelgingsmiddelen gekweekt is. We voegen er conserveermiddelen aan toe om het langer houdbaar te maken. Op deze manier eten we, bewust of onbewust, voortdurend vergif. Als gevolg daarvan ontstaan er steeds meer nieuwe ziekten. Lang geleden was de gemiddelde leeftijd meer dan honderd jaar, maar nu worden de mensen slechts tachtig of minder. Bovendien lijdt meer dan 75 procent van de mensen aan een of andere ziekte.

Niet alleen het voedsel dat we eten en het water dat we drinken zijn verontreinigd, zelfs de lucht die we inademen, zit vol gifstoffen. Daardoor wordt het immuunsysteem van de mensen zwakker. Er zijn al zoveel mensen afhankelijk van een inhaler om te kunnen ademen en dit aantal neemt voortdurend toe. Binnen een paar jaar moeten we misschien met luchtflessen rondlopen, zoals astronauten in de ruimte. De meeste mensen zijn tegenwoordig allergisch voor iets, zelfs voor de schijnbaar onbeduidendste dingen. Door onze toenemende vervreemding van de natuur wordt het moeilijker voor ons om te overleven.

Niet alleen mensen, maar ook de dieren, vogels en planten die door de mens gekweekt zijn, maken zich los van de natuur. Wilde planten overleven, ongeacht het weer. Zij passen zich aan de omstandigheden in de natuur aan. Maar onze kamerplanten hebben geen weerstand tegen ongedierte. Ze moeten met bestrijdingsmiddelen bespoten worden. Ze hebben zoveel speciale verzorging nodig dat ze niet op een natuurlijke manier kunnen overleven.

Tegenwoordig worden de bossen verwoest en flatgebouwen in hun plaats neergezet. Veel vogels bouwen nesten in deze gebouwen. Als we goed naar deze nesten kijken, kunnen we zien dat ze gemaakt zijn van draad en stukjes plastic. Dit is omdat het aantal bomen afneemt. In de toekomst zijn er misschien helemaal geen bomen meer. De vogels leren zich aan hun nieuwe omgeving aan te passen.

De situatie van bijen is niet anders. Gewoonlijk is het voor bijen geen probleem drie kilometer van hun korven te vliegen om naar honing te zsoeken. Maar tegenwoordig raken veel bijen de weg kwijt nadat ze honing verzameld hebben. Ze kunnen zich de weg naar huis niet herinneren. Omdat ze hun korf niet kunnen vinden, sterven ze gewoon. In zekere zin is het dankzij de bijen dat we voedsel hebben. Bijen spelen een vitale rol bij het behoud van de natuur en de samenleving. Ze bestuiven de planten die ons vruchten en granen verschaffen. Zo is ieder levend schepsel van nut voor de mensheid. Alle levende wezens op aarde zijn voor hun overleving van elkaar afhankelijk. Als de motor van een vliegtuig kapot is, kan het vliegtuig niet vliegen. Maar als slechts één enkele vitale schroef kapot is, zal het vliegtuig ook niet kunnen vliegen. Zo speelt zelfs het nietigste schepsel een belangrijke rol. Alle levende wezens hebben onze hulp nodig om te overleven. Zij vallen ook onder onze verantwoordelijkheid.

Omdat de bevolking van de aarde iedere dag toeneemt, wordt het moeilijker om voldoende voedsel en graan te produceren om aan de toenemende vraag tegemoet te komen. Daarom onderzoeken wetenschappers verschillende kunstmatige methoden om de opbrengst van oogsten te vergroten, zoals kunstmest. Planten die zes maanden nodig hadden om groenten te produceren, doen dit nu in slechts twee maanden. Maar de voedingswaarde van zulke groenten is slechts een derde van wat het vroeger was. Bovendien is de levensduur van deze planten dramatisch achteruitgegaan. We zien dat onze kunstmatige methoden een averechtse uitwerking hebben.

De natuur is als een eend die gouden eieren legt. Maar als we de eend doden en proberen alle gouden eieren in een keer weg te pakken, verliezen we alles. We moeten ophouden de natuur te verontreinigen en uit te buiten. We moeten haar beschermen om onze eigen overleving en de overleving van toekomstige generaties zeker te stellen. De natuur is de wensvervullende boom die de mensheid alle overvloed geeft, maar nu is onze situatie als die van de dwaas die de tak waarop hij zit, afzaagt.

Als het aantal witte bloedcellen toeneemt, kan dat een teken van kanker zijn. Hoewel witte bloedcellen niet schadelijk zijn, kunnen we ziek worden als ze boven een bepaalde hoeveelheid uitkomen. Op dezelfde manier hebben wij de hulpbronnen van de natuur nodig om te leven. Maar als we die uitbuiten en de natuur schade toebrengen, wordt dat zowel voor onszelf als voor anderen gevaarlijk.

Amma heeft een verzoek: dat iedereen op deze planeet zijn rol speelt bij het herstellen van de harmonie in de natuur. Allereerst moeten we al het mogelijke doen om een eind te maken aan de vervuiling. Fabrieken en industrieën zijn nodig, maar we moeten nieuwe manieren vinden om de lucht- en waterverontreiniging die ze veroorzaken, te verminderen. Het is ook belangrijk om fabrieken ver van woongebieden te bouwen.

Een belangrijke oorzaak van verontreiniging in steden is de toename van het aantal voertuigen. De meeste gezinnen bezitten al minstens één auto. Als er vijf mensen die in hetzelfde gebied wonen en ook bij elkaar in de buurt werken, een carpoolschema opstellen, kunnen ze elkaar om de beurt naar het werk rijden. Zo worden vijf auto's vervangen door slechts één auto. Als een heel land dit zou doen, zouden er 20.000 auto's rijden in plaats van 100.000 en zou ook de verontreiniging afnemen. We zouden ook veel olie besparen. We weten allemaal dat de hoeveelheid olie in de wereld afneemt. Door carpooling zal de overblijvende olie langer meegaan, maar het belangrijkste is dat liefde en mededogen onder de mensen zouden toenemen. Amma denkt dat dit advies iets is dat iedereen in de praktijk kan brengen.

Als we een korte afstand reizen, kunnen we met de fiets gaan en brandstof besparen. Op deze manier krijgen we ook wat beweging.

Tegenwoordig is een belangrijke reden voor de toename van ziekten gebrek aan beweging. Sommige moeders klagen bij Amma dat ze zoveel geld aan het lidmaatschap van de gymclub van hun kind besteden. Als Amma ze vraagt hoe hun kinderen naar de gym gaan, zeggen ze: "O, ik zet ze daar met de auto af." De gym is in de buurt, slechts een of anderhalve kilometer weg. Als het kind die afstand zou lopen, zou dat voldoende oefening zijn en kon het geld voor het gymlidmaatschap bespaard worden.

De gewoonte om een groentetuin te onderhouden neemt af. Zelfs als we maar een klein stukje land hebben, moeten we proberen daar een paar groenten op te kweken en alleen biologische mest gebruiken. We kunnen wat tijd bij onze planten doorbrengen en met ze praten en ze kussen. Deze relatie met de natuur zal ons nieuwe vitaliteit geven.

Bossen spelen een zeer belangrijke rol bij het handhaven van de harmonie in de natuur. Alleen door onze bossen heeft de natuur nog een schijn van harmonie. Alle landen moeten proberen de overgebleven bossen te beschermen

Een toespraak door Sri Mata Amritanandamayi

en zoveel mogelijk bomen te planten. We moeten allemaal een gelofte afleggen om minstens één boom per maand te planten. Zo plant iemand twaalf bomen per jaar. Als iedereen hieraan deelneemt, kunnen we in korte tijd de schoonheid van de natuur op aarde herstellen. Amma heeft van een bepaald soort boom gehoord (de Tabonucoboom uit het Caraïbisch gebied). De wortels van deze boom verstrengelen en verenigen zich met die van andere bomen. Zo worden de bomen niet ontworteld, hoe hard het ook waait. Als we in harmonie met de natuur leven, in liefde en eenheid, dan zullen we de kracht hebben om iedere crisis te boven te komen.

De natuur is onze eerste moeder. Zij voedt ons ons hele leven lang. Onze fysieke moeder laat ons misschien een paar jaar op haar schoot zitten, maar Moeder Natuur draagt ons gewicht geduldig ons hele leven lang. Ze zingt ons in slaap, voedt ons en liefkoost ons. Zoals een kind dank verschuldigd is aan zijn fysieke moeder, moeten we allemaal dank en verantwoordelijkheid voelen voor Moeder Natuur. Als we deze verantwoordelijkheid vergeten, staat dat gelijk met ons eigen Zelf vergeten. Als we de natuur vergeten, zullen we ophouden te bestaan. Als je dat doet, loop je recht op de dood af.

In de oude tijd was milieubescherming niet nodig omdat het beschermen van de natuur een deel van het aanbidden van God en een deel van het leven zelf was. In het verleden hielden de mensen van de natuur en de maatschappij en dienden die, in plaats van aan 'God' te denken. Ze zagen de Schepper in de schepping. Ze hielden van de natuur, aanbaden en beschermden de natuur als de zichtbare vorm van God.

Laten we proberen deze houding weer tot leven te brengen. Op het ogenblik is de grootste bedreiging voor de mensheid niet een derde wereldoorlog, maar het verlies van de harmonie in de natuur en onze toenemende scheiding van de natuur. Daarom moeten we het bewustzijn ontwikkelen van iemand die onder schot staat. Alleen dan kan de mensheid overleven.

Het leven wordt vervuld wanneer de mensheid en de natuur als één bewegen, hand in hand, in harmonie. Wanneer melodie en ritme elkaar aanvullen, wordt de muziek mooi en aangenaam voor het oor. Wanneer mensen in

Een toespraak door Sri Mata Amritanandamayi

overeenstemming met de natuurwetten leven, wordt het leven ook als een mooi lied.

De natuur is een enorme bloementuin. De dieren, vogels, bomen, planten en mensen zijn de bloeiende bloemen met allerlei kleuren. De schoonheid van deze tuin is alleen compleet als ze allemaal in eenheid samenleven en daardoor vibraties van liefde en eenheid verspreiden. Dat wij allen één in liefde mogen worden. Laten we samenwerken om te voorkomen dat deze gevarieerde bloemenpracht verwelkt, zodat de tuin voor altijd mooi blijft.

Amma wil nu graag nog een paar punten naar voren brengen die ze de moeite waard vindt om over na te denken.

1. Stel je voor dat de mensheid van de aarde verwijderd werd. Dan zou de vegetatie overal op deze planeet opnieuw welig tieren. Het water en de lucht zouden zuiver worden. De hele natuur zou vol vreugde zijn. Stel je omgekeerd voor dat er geen leven op aarde was, behalve mensen. Dan zouden we niet kunnen overleven. Deze aarde die door God geschapen is en het lied dat aan de natuur ontstijgt, zijn in perfecte

harmonie en ritme. Het zijn alleen de mensen die wanklanken voortbrengen.

2. De bron van vrede en harmonie is liefde en mededogen. Door liefde zal de tedere knop van ons hart opengaan. Dan zal de heerlijke geur van de liefde zich overal verspreiden.

3. De vogel van de samenleving heeft twee vleugels: wetenschap en spiritualiteit. Die twee moeten hand in hand gaan, omdat beide nodig zijn voor de vooruitgang van de maatschappij. Als we spirituele waarden handhaven terwijl we vooruitgaan, zal de wetenschap een instrument worden om wereldvrede en harmonie tot stand te brengen.

4. We mogen onze innerlijke kracht nooit verliezen. Alleen een zwakke geest ziet in alles de donkere kant en raakt in verwarring. Maar optimistische mensen zien de stralen van Gods genade in ieder soort duisternis. De lamp van dit vertrouwen is in ons. Steek deze lamp aan. Dan zal hij licht geven en ons leiden bij ieder stap die we zetten. We mogen niet vast blijven zitten in de pijnlijke herinneringen aan de oorlogen en conflicten uit het verleden. Vergeet de donkere geschiedenis van haat en rivaliteit

en verwelkom een nieuwe tijd van vertrouwen, liefde en eenheid. Hieraan moeten we allemaal samenwerken. Geen inspanning, hoe klein ook, zal ooit verloren gaan. Als er slechts één bloem midden in de woestijn bloeit, is dat in ieder geval iets. Dit is de houding die we moeten ontwikkelen wanneer we handelen. Onze capaciteiten kunnen beperkt zijn, maar als we de boot van het leven met de peddel van eigen inspanning roeien, zal de wind van Gods genade ons zeker te hulp komen.

5. We moeten bereid zijn te veranderen, anders zullen we gedwongen worden te veranderen. Is er geen verandering, dan volgt de dood. We staan voor de keuze tussen het een of het ander.

6. De mensheid moet begrijpen dat zij niet de enige soort met recht op leven is. Hoeveel soorten zijn er reeds uitgestorven! Het is niet voldoende om vriendelijk en meedogend tegenover mensen te zijn. We moeten dit mededogen tegenover alle levende wezens hebben.

7. We zullen niet aan ziekten kunnen ontsnappen door hele populaties muggen, kippen en koeien uit te roeien. Het herstel van de

harmonie in de natuur moet onze hoogste prioriteit zijn.

Als de bron van oorlog zich in de geest van de mens bevindt, dan bevindt de bron van vrede zich ook daar. Als we in de toekomst oorlog willen vermijden, moeten we onze kinderen vanaf jonge leeftijd waarden inprenten. Als we yoghurt willen maken, hoeven we alleen maar een klein beetje yoghurt aan wat melk toe te voegen, goed te roeren en het een tijdje te laten staan. Op dezelfde wijze brengen ouders hun kinderen goede waarden bij als ze het goede voorbeeld geven. Dan zullen goede eigenschappen vanzelf in hun kinderen opkomen.

Als Amma de wereld rondreist, komen mensen uit door oorlog geteisterde gebieden naar haar toe. Vrouwen uit deze gebieden vertellen Amma: "We worden 's morgens wakker door het geluid van schoten en geschreeuw. Onze kinderen houden zich angstig aan ons vast en huilen. Wij houden ons ook aan hen vast en huilen. Het is zo lang geleden dat we door het getjilp van vogels wakker geworden zijn." Laten we bidden dat het gebulder van schoten op zulke plaatsen spoedig vervangen wordt door het tjilpen van vogels en dat zowel jong als oud in lachen uitbarsten in plaats van in tranen.

Amma denkt vaak dat het zo mooi zou zijn als bommen, net als in bepaalde kinderspelletjes, chocolaatjes en snoepgoed zouden rondstrooien in plaats van granaatscherven, of als ze een heerlijke geur zouden verspreiden of als ze de hemel met alle kleuren van de regenboog zouden verlichten. Als de flitsen van vernieling eens flitsen van mededogen zouden zijn. Met moderne wapens kunnen doelen met dodelijke nauwkeurigheid vastgesteld worden. Als we de armen, de hongerlijdende en daklozen eens vol mededogen met dezelfde precisie konden bereiken.

Laten we eensgezind zijn en de wereld tonen dat compassie, liefde en zorg voor onze medemensen niet helemaal van deze aarde verdwenen zijn. Laten we een nieuwe wereld van vrede en harmonie bouwen door diep geworteld te blijven in de universele waarden die de mensheid sinds onheuglijke tijden hebben gevoed. Laten we voor altijd afscheid nemen van oorlog en gewelddadigheid en ze tot het onderwerp van sprookjes reduceren. Dat men ons in de toekomst als de vredesgeneratie mag herinneren.

||Om lokah samastah sukhino bhavantu ||

www.ingramcontent.com/pod-product-compliance
Lightning Source LLC
Chambersburg PA
CBHW070635050426
42450CB00011B/3211